Téo Azevedo

Biblioteca de Cordel

Téo Azevedo

Introdução
Sebastião Geraldo Breguez

hedra

São Paulo, 2010

Copyright© desta edição, Hedra 2000

Capa
Julio Dui

Projeto gráfico e editoração *Hedra*

Revisão
Assis Ângelo

Revisão poética
Orlando Dias

Ilustrações das orelhas e quarta-capa
José Lourenço

Dados Internacionais de Catalogação na Publicação (CIP)
(Câmara Brasileira do Livro, SP, Brasil)

Azevedo, Téo, 1943
Téo Azevedo - Introdução de Sebastião Geraldo Breguez – São Paulo: Hedra,
2000. – (Biblioteca de Cordel)

Bibliografia.
ISBN 85-87328-70-0
1. Azevedo, Téo (1943)   2. Literatura de cordel–Brasil   3. Literatura
de cordel–Brasil–História e crítica   I. Breguez, Sebastião Geraldo.   II. Título.   III. Série

00-0126	CDD-398.20981

Índices para catálogo sintemático:
1. Brasil: Cordelistas: Biografia e obra: Literatura folclórica 398.20981
2. Brasil: Literatura de cordel: História e crítica: Folclore 398.20981

[2010]
Direitos reservados em língua portuguesa
EDITORA HEDRA
R. Fradique Coutinho, 1139, subsolo
CEP 05416-011, São Paulo-SP, Brasil
+55-11-3097-8304
www.hedra.com.br
Foi feito depósito legal.

Chegando na casa dela
O diabo foi sentando
Ficou bem perto da mesa
A viola ponteando
Um litro de pinga boa
A mulher botou na mesa
Tira gosto era torresmo
Pra o diabo uma beleza
Não tirou ele o chapéu
E os seus pés não mostrava
Desconfiou o menino
Pelo que observava

O garoto curioso
Olhou em baixo da mesa
Viu dois baita pés de boi
Do diabo com certeza
Já falou pra sua mãe
Olhe os pés deste freguês
Disse, que menino besta
E tudo como Deus fez
E pela terceira vez
Que o menino reclamou
Ela resolveu olhar
E de medo se assustou

A LENDA DO RIO ABAIXO

Nas bandas norte-mineiras
Tem lendas que apaga o facho
E a mais famosa delas
A lenda do Rio Abaixo
O diabo ia descendo
O São Francisco na canoa
Tocando sua viola
E tirando uma loa
Na afinação Rio Abaixo
Esse tocador do inferno
De camisa e gravata
Sem sapatos mas de terno

Uma viúva que lavava
Roupa na beira do rio
Quando avistou o diabo
Pra ele deu um assovio
O seu filho de dez anos
Com o toque ficou contente
Não chame ele pra casa
Pra ele tocar pra gente
O diabo apaixonou
Por essa viúva bela
Aportou sua canoa
E foi tocar na casa dela

- *Quadras* — Estrofe formada de quatro versos de sete sílabas, sendo que o segundo verso rima com o quarto. Os demais versos são livres.

- *Quadras dobradas* — Estrofes de duas, três e até quatro quadras muito comum para escrever cordel no norte de Minas.

- *Sextilha* — Estrofe com seis versos de sete sílabas. O segundo verso rima com o quarto e o sexto. Os demais versos são livres.

- *Septilha* — Cada estrofe tem sete versos de sete sílabas. O segundo rima com o quarto e o sétimo, o quinto com o sexto. Os demais versos são livres.

- *Sétima de Quelé* — Estrofe de sete versos de sete sílabas. O primeiro verso rima com o segundo, o terceiro com o quarto e o sétimo, o quinto com o sexto. Modalidade também criada por Téo Azevedo em homenagem à sua mãe Clemência.

- *Calango* — É um dos mais populares cantos e danças do Brasil. Em Alto Belo, no Norte de Minas, é onde existe o maior foco do calango cantado de improviso. O calango tradicional é tirado de um refrão sempre com a letra falando sobre o calango e os versos improvisados em quadras, mas há regiões em que se canta em outras modalidades.

- *Décimas* — Estrofe de dez versos de sete sílabas. O primeiro rima com o quarto e o quinto, o segundo com o terceiro, o sexto com o sétimo e o décimo, o oitavo com o nono. Esta modalidade serve para cantar vários estilos do repentismo, inclusive para desenvolver motes e tema.

- *Martelo mineiro* — Estrofe formada de seis versos decassílabos. O segundo verso rima com o quarto e o sexto. Os demais são livres. Este estilo foi criado por Téo Azevedo, por ser diferente do martelo nordestino nos versos e na melodia.

- *No calango do mineiro* — Estrofe de oito versos de sete sílabas. O primeiro rima com o segundo e o terceiro, o quarto rima com o oitavo terminando na rima em eiro, o quinto rima com o sexto e o sétimo. Modalidade criada também por Téo com a mesma construção do quadrão mineiro.

- *Oitavão de pirapora* — Estrofe com a mesma construção do quadrão mineiro mas com a rima chave em ora.

- *Quadrão mineiro* — Estrofes de oito versos de sete sílabas. O primeiro rima com o segundo e o terceiro, o quarto rima com o oitavo terminando na rima em eiro, o quinto rima com o sexto e o sétimo.

elementos do povo, os verdadeiros repórteres populares que, sem uma formação erudita, burguesa, oficial, sabem transmitir para o seu grupo social os acontecimentos de ordem política, econômica ou mesmo social. Os acontecimentos são narrados em quadras, sextilhas e outras modalidades.

Com base no trabalho de pesquisa de Téo Azevedo podemos classificar a poesia popular do Norte de Minas Gerais nas seguintes categorias:

- *Aboio* — É o canto improvisado do vaqueiro, sem versos, usando somente as vogais numa toada lírica e telúrica para envolver o animal que é sensível a esse tipo de canto. O canto dos vaqueiros, apaziguando o rebanho, levado para as pastagens ou para o curral, é de efeito maravilhoso e fruto da sabedoria popular em todas as regiões pastoris. O cronista português Antonil (João Antonio Andreoni, 1650-1716) afirmou, "Guiam-se as boiadas, indo uns tangeadores diante, cantando, para serem desta sorte seguidos de gado". Segundo Téo Azevedo, o aboio é dividido em três partes:

- *Toada de aboio* (toada de vaqueiro) — É uma letra decorada contando sempre um tema ligado ao homem, ao cavalo e ao gado e que ao final de cada estrofe, faz-se o aboio original, sem letras.

- *Improvisos de aboio* — É quando o aboiador é repentista e improvisa versos cantando sozinho ou a dois ou mesmo em roda de vaqueiros aboiadores que improvisam em várias modalidades e às vezes as toadas são tiradas na hora e entre uma estrofe e outra aboio puro com as vogais.

existe no Norte de Minas Gerais um estilo com o nome de joga versos.

Através do poeta popular Téo Azevedo esta forma-arte de jogar versos tem sido divulgada pelo Brasil afora, de Norte a Sul. Sua origem ainda não foi definitivamente esclarecida, mas tudo indica que é oriunda de Portugal e foi trazida pelos colonizadores. O próprio Téo Azevedo faz esta afirmação. Segundo ele, a origem portuguesa vem da música "Caninha Verde", originada da região do Minho (Portugal). É um canto e dança com refrão, onde os cantadores nos intervalos vão improvisando versos em quadras.

De maneira geral, tem-se aceitado a origem lusitana de nossa literatura de cordel. O próprio Teófilo Braga (1895) foi testemunha de que o nosso cordel se assemelhava com as "folhas volantes" portuguesas. Manuel Diegues Jr., por sua vez, divide a literatura de cordel em três grandes vertentes ou grupos:

- Temas tradicionais (romances e novelas, contos maravilhosos, estórias de animais, anti-heróis e tradição religiosa);

- Fatos circunstânciais ou acontecidos (manifestações de natureza física, fatos de repercussão social, cidade e vida urbana, crítica e sátira, o elemento humano: Getúlio Vargas, Tancredo Neves, Juscelino, fanatismo e misticismo como em Antônio Conselheiro e Padre Cícero, cangaceirismo, Antonio Silvino e Lampião, tipos técnicos e tipos regionais);

- Cantorias e pelejas (os desafios).

O que caracteriza a poesia popular do Norte de Minas Gerais são as cantorias e pelejas. São feitos e cantados por

O Nordeste de Minas, além de ser o início do Nordeste brasileiro era o antigo caminho da estrada Baiana na época em que as imigrações eram feitas em animais de montaria. Assim, a região recebia influência do Sul do Nordeste, principalmente pelo baianos que colonizaram grande parte do Norte de Minas e Vale do Jequitinhonha.

Ao analisarmos o funcionamento da sociedade capitalista, numa observação de superfície, notaremos que as classes dominantes, que detém o controle dos meios de produção, veiculam os seus interesses e aspirações nas artes, nas ciências, na administração do Estado. Às camadas populares, só resta um meio de participação social: o folclore. É através do folclore que elas organizam uma consciência comum, preservam experiências, encontram educação, recreio e estímulo, e dão expansão aos seus pendores artísticos. Afinal, fazem presente à sociedade oficial as suas aspirações e expectativas com relação à realidade que as envolve.

Como disse com muita propriedade Antonio Gramsci, o folclore até hoje só foi estudado como elemento pitoresco e coletado como material de erudição. A ciência do folclore consistiu apenas nos estudos a respeito do método de coleta, seleção e classificação deste material. "Dever-se-ia estudá-lo, pelo contrário, como sociedade em contraposição (também no mais das vezes implícita, mecânica, objetiva) com as concepções elaboradas, sistemáticas e politicamente elaboradas e centralizadas em seu (ainda contraditório) desenvolvimento histórico".

Uma dessas formas de que o povo se utiliza para apresentar suas ideias e fazer suas críticas à sociedade oficial é a literatura de cordel. Ou seja, através das diversas formas que compõem a literatura popular (em que a inventiva do povo não é limitada por seu grau de alfabetização). De todas as variantes do Brasil,

TÉO AZEVEDO E A LITERATURA DE CORDEL DE MINAS GERAIS
Sebastião Geraldo Breguez

O objetivo deste artigo é analisar a literatura de cordel do Norte de Minas, principalmente a obra do cantador e repentista Téo Azevedo que tive a oportunidade de apresentar ao público mineiro nos idos de 1978.

***

Não é exagero dizer-se que o Norte de Minas se constitui num grande foco de manifestação do folclore brasileiro por ser a região mais privilegiada em quantidade e diversidade de influências culturais, além de variados tipos e agentes de cultura.

***

Numa comparação de tipos mineiros diferenciados por critérios de falar, do comer, do divertir, teríamos três grupos bem identificáveis:

1. O mineiro da região de Juiz de Fora, vivendo em função do Rio de Janeiro;

2. O mineiro do Sul de Minas, vivendo em função de São Paulo;

3. O mineiro do Norte de Minas, integrado ao chamado Nordeste, pois é aí que o Nordeste começa como clima e como característica cultural.

SUMÁRIO

Introdução, por Sebastião G. Breguez — 9

A lenda do rio abaixo — 15

A seca — 19

Boi tem muito sentimento e chora a morte do irmão — 27

Charrete da morte — 29

O cordel de Guimarães Rosa — 31

O homem que queria ser maior que Deus — 37

O rei do pequi — 45

Toinha — 49

A peleja de João Curió X Tiofo (o cantador de um braço só) — 55

Zé do Coco e Riachão — 63

popular, como a região sul-riograndense e a antiga capitania de São Vicente, que hoje abrange o interior de São Paulo, Norte do Paraná, Mato Grosso, Mato Grosso do Sul, parte de Minas Gerais e Goiás. Em todos esses lugares há poetas populares que continuam a divulgar os valores de seu povo. E isso sem nos esquecermos do Novo Cordel, aquele feito pelos migrantes nordestinos que se radicaram nas grandes cidades como Rio de Janeiro e São Paulo. Tudo isso resultará em um vasto panorama que nos permitirá avaliar a grandeza da contribuição poética popular.

Acreditamos, assim, colaborar para tornar mais bem conhecidos, no Brasil e afora, alguns dos mais relevantes e autênticos representantes da cultura brasileira.

Dr. Joseph M. Luyten (1941–2006)

Doutor pela USP em Ciências da Comunicação, Joseph Luyten foi um dos principais pesquisadores e estudiosos da literatura de cordel na segunda metade do século XX. Lecionou em diversas universidades, dentre as quais a Universidade de São Paulo, a Universidade de Tsukuba (Japão) e a Universidade de Poitiers (França), onde participou da idealização do Centro Raymond Cantel de Literatura Popular Brasileira. Autor de diversos livros e dezenas de artigos sobre literatura de cordel, reuniu uma coleção de mais de 15 mil folhetos e catalogou cerca de 5 mil itens bibliográficos sobre o assunto.

Joseph Luyten idealizou a Coleção Biblioteca de Cordel e a coordenou entre os anos de 2000 e 2006, período em que publicamos 22 volumes. Os editores consignam aqui sua gratidão.

BIBLIOTECA DE CORDEL

A literatura popular em verso passou por diversas fases de incompreensão e vicissitudes no passado. Ao contrário de outros países, como o México e a Argentina, onde esse tipo de produção literária é normalmente aceita e incluída nos estudos oficiais de literatura – por isso poemas como "La cucaracha" são cantados no mundo inteiro e o herói do cordel argentino, Martín Fierro, se tornou símbolo da nacionalidade platina –, as vertentes brasileiras passaram por um longo período de desconhecimento e desprezo, devido a problemas históricos locais, como a introdução tardia da imprensa no Brasil (o último país das Américas a dispor de uma imprensa), e a excessiva imitação de modelos estrangeiros pela intelectualidade.

Apesar da maciça bibliografia crítica e da vasta produção de folhetos (mais de 30 mil folhetos de 2 mil autores classificados), a literatura de cordel – cujo início remonta ao fim do século XIX – continua ainda em boa parte desconhecida do grande público, principalmente por causa da distribuição efêmera dos folhetos. E é por isso que a Editora Hedra se propôs a selecionar cinqüenta estudiosos do Brasil e do exterior que, por sua vez, escolheram cinqüenta poetas populares de destaque e prepararam um estudo introdutório para cada um, seguido por uma antologia dos poemas mais representativos.

Embora a imensa maioria dos autores seja de origem nordestina, não serão esquecidos outros polos produtores de poesia

Tirou o chapéu do bicho
Vendo o chifre do tinhoso
E logo rezou três credos
Contra o tolo perigoso
O diabo explodiu
Na hora tudo mudou
Viola virou sabugo
A fita preta ficou
A canoa virou cuia
O diabo quietou o facho
É a lenda da afinação
E o toque Rio Abaixo

O violeiro sem Deus
E que gosta de mutreta
Se tem pacto com o diabo
Na viola é fita preta
Jesus é a fita branca
A cor-de-rosa é José
Azul é cor de Maria
Com amor e muita fé
Amarelo é o rei Brexó
Vermelho é Baltazar
São seis cores do reisado
Com verde do rei Gaspar

A SECA
Linguajar catrumano

No ano qui a chuva cai
Lá no meu norte minero
Chuve dentro dos conforme
Sem aquele aguacero
A fartura é de montão
É fava, mio e feijão
E fica alegre o rocero

Melancia de fartura
Da matuta bem rajada
Intonce bera de rio
Daquela outra pintada
O miolo vermeinho
Com um cardo bem docinho
Qui eu chupo dez taiada

Com a chuva se tem tudo
Do maxixe ao quiabo
Mais que vê o trem bem feio
Não existe homi brabo
Uma seca no sertão
Parece coisa do cão
Mandada pelo diabo

O matuto ara a terra
Distoca, tomba e gradeia
Faz acero e quemada
Qui a insperança crareia
O chão já tá preparado
Parece um quadro pintado
Qui o relevo serpenteia

Fica insperando a chuva
Um tiquinho precupado
Óia pru céu meio iscuro
Chama o cumpádi de lado
Diz pra muié e minino
É bom ir se privinino
Qui vem chuva de banhado

Dispois du'as trovoada
Rolano pra todo lado
Catrumano fica alegre
Se o chão istá moiado
E reza pra todo santo
Do céu vai descê um pranto
Mode banha o roçado

As galinha se assusta
Os boi berra lá na serra
Os passarim se agita
A proficia num erra
É chuva qui vai chegano
É puera levantano
Subino o chero de terra

(20)

Cum dias de chuvarada
De relâmpo e truvão
É muié, homi e minino
Cum inchada e inchadão
Tudo prantano simente
Dano duro no batente
Pra sarva a prantação

No borná leva matula
Qui é pru mode armuça
Rapadura cum farinha
A carne seca ou jabá
Toma pinga fofa-toba
A farofa u'a saroba
Pru mode pudê guentá

É gente fazeno cova
Outra turma simiano
E u'a lapa cum dedão
As cova já vão fechano
Cuma insperança ardente
No milagre da simente
Qui logo istará brotano

Quano cumeça a prantá
É a maió aligria
Pranta saino da terra
Quadro de filusufia
Cuma se fosse criança
Trazeno ao mundo insperança
Igual sol de novo dia

(21)

Adispois de argum tempo
De chuva e de insperança
Sai um só tão castigante
Qui o sertanejo balança
O forró da instiage
Vai secando inté as vage
Qui o matuto entra na dança

Cumeça logo a pensá
Nos cobre qui deve ao banco
Pra os homi du guverno
Num tem preto, nem tem branco
Que o dinhero de pobre
Num é trem de gente nobre
É só no tranco e barranco

A seca vai omentano
A chuva somi de vez
É triste a situação
No acocho do fregueis
E as pranta marelano
O catrumano chorano
A lavora na viuvez

E cum a secura toda
E farta d'água tombém
Seca o açude e lagoa
Fica muito feio o trem
Zuretano o tabaréu
Qui fica oiano pru céu
Qui os anjo diga amém

(22)

Os dias vão passano
Água cumeça cabá
O gado já muitio fraco
Se pricipia a deitá
Ali mermo o bicho morre
Num tem dotô que socorre
Prus bicho se levantá

É só uribu vuano
Que a mortaia disperdiça
É cena de cimitéro
A catinga é u'a maliça
Na tela da iscuridão
Nas quebradas do sertão
A gente só vê carniça

As pranta morre de vez
Do mio, a fava e feijão
Cabano toda lavora
Arrasano a prantação
Cumeça o povo pobre
A cumê orapronobe
O quebra gaio do sertão

É gente passano fome
Im terreno de curtura
A raiz de mucunã
Sarva muitia criatura
Quebra gaio na farinha
E u'a água fresquinha
Intera cum rapadura

(23)

Vai inté que a gente vê
Que a chuva num vem mais
A secura toma conta
Da baxia aos matagais
Das chapada e a campina
Seca as água cristalina
Do cerrado aos carrascais

O povo no disispero
Vende as coisa qui sobrô
Animá de montaria
U'as vaquinha qui restô
Um pedacim de u'a terra
Que pra ele u'a guerra
Vende inté o seu tratô

Parte pra cidade grande
Cum o uai ou o oxente
Vai virá um boia fria
Dexá de ser boia quente
Tragado pelo progresso
E cumeça o retrocesso
Pode virá indigente

É gente passano fome
Sem trabaio e di cumê
E os homi lá de cima
É só no jabaculê
Nesse quadro de miséria
Pra eles u'a piléria
Faz de conta qui num vê

(24)

Vai cabano as galinha
E os capado tombém
Taioba, andu e afava
Vai o mio e o xerém
Água só andano légua
Pois tem uns fio d'uma égua
Que num dá nada a ninguém

O sertanejo valente
Raçudo e sem alcanhez
Mermo cum essa tragédia
Qui a natureza fez
Dá prova de ser humano
Inspera a roça do ano
Mode pranta otra vez

Nos acorde da viola
Na cantiga da canção
Sonhano u'a nova vida
Fazê nova prantação
Esse é um brasilero
O catrumano campero
O nosso herói do sertão

(25)

BOI TEM MUITO SENTIMENTO E CHORA A MORTE DO IRMÃO

O boi é um sofredor
E tem sensibilidade
Se lamenta na saudade
Do vaqueiro aboiador
E é grande a sua dor
Vendo o outro no mourão
Machuca seu coração
E ele chora de lamento
Boi tem muito sofrimento
E chora a morte do irmão

Vendo outro boi morrer
O seu choro se esvai
Na hora a lágrima cai
Vendo o irmão padecer
É tão triste de se ver
Essa cena de emoção
Sangra qualquer coração
Com esse padecimento
Boi tem muito sentimento
E chora a morte do irmão

Sua tristeza é verdadeira
Uma forma de protesto
Esse é seu manifesto
Quando a hora é derradeira
Bate a pata dianteira
E vai cavocando o chão
No mugido à comoção
Com esse falecimento
Boi tem muito sentimento
E chora a morte do irmão

CHARRETE DA MORTE

Vou contar uma história
De um caso sem igual
Tragédia de uma família
Com um acidente fatal
Enlutou a região
Do sertão de Congonhal

No ano de oitenta e dois
Em quinze de fevereiro
Às sete e trinta da noite
O causo foi verdadeiro
Lá na estrada de Campos
Bem no bairro do Barreiro

Era uma noite tão bonita
Que cantava a perdiz
O destino tocaiava
Uma família tão feliz
E a morte na espreita
De Gervázio e Luiz

Gervázio vinha na frente
Com Luiz, o seu irmão
Descendo pra Congonhal
Trabalhar no Mutirão
Com um arco de roçar pasto
Defender a profissão

Montado na bicicleta
Disparado na carreira
A charrete ia subindo
Numa marcha tão maneira
Mas estava tudo escuro
Lá na curva da ladeira

Gervázio vinha na frente
O seu sonho foi desfeito
Com tanta velocidade
Numa estrada sem leito
Que o varal da charrete
Cravou dentro do seu peito

O Luiz machucou tanto
Com a trombada que ele deu
E o messias da charrete
O morto reconheceu
Que aquele acidente
Matou o sobrinho seu

O destino é ingrato
E a morte é sua meta
Na lida de um vivente
Ele indica sua seta
Não foi culpa de ninguém
Quem descreve é o poeta

O CORDEL DE GUIMARÃES ROSA

Na raiz da poesia
Vou seguindo minha prosa
Enfeitando a minha vida
Em poesia mimosa
Pra falar de um escritor
O nosso Guimarães Rosa

Do *Grande Sertão: Veredas*
Foi maior divulgador
Um trabalho de afinco
Com carinho e muito amor
Seu nome virou história
Em versos de cantador

Lá na minha região
Pesquisou e conheceu
Sendo seu maior trabalho
E o mundo inteiro leu
Nas terras norte-mineiras
Foi a fonte que bebeu

Eu sou lá de Alto Belo
Que fica daquele lado
Distrito de Bocaiúva
São Francisco é o Estado
É a terra da cultura
No coração do cerrado

O linguajar catrumano
Divulgou no mundo inteiro
Do "Uai" ao "trem bão"
O vôte do barranqueiro
A lenda do rio abaixo
E o aboio do vaqueiro

Catopê e marujada
Caboclinho e a folia
O calango e o lundu
Ludovina e cantoria
E o canto da três-potes
Nascendo e morrendo o dia

Desde a xula ao batuque
Nosso coco e o guaiano
Pastorinha e incelença
São Gonçalo e soberano
Caipora e a mãe d'água
E as coisas do catrumano

O nosso carro de boi
A carroça e o carroção
A charrete e o trem de ferro
A montaria em silão
O tropeiro e sua tropa
O esquipado e xotão

O panã e a gagaita
Araça e buriti
Genipapo e grão-de-galo
Pitomba e bacu-pari
Ananáz e a pitanga
O jatobá e o pequi

Pesquisou o Rio das Velhas
Verde e o Jequitaí
São Francisco e Riachão
Urucuia e Pacuí
Pandeiros e Dois Riachos
São João e Mucuri

Seu Bebem e Diadorim
De Matraca a Miguelão
De jagunço a coronel
De puia e superstição
Da reza e da benzedura
Crendice e a maldição

As plantas medicinais
Do quati ao tatu—bola
Buriti e Jatobá
Ponteado da viola
O Satanás e o padre
Jogar verso de cachola

Escritor de vários livros
Sagarana foi primeiro
Depois *Corpo de Baile*
A seguir veio o terceiro
O *Grande Sertão: Veredas*
Sucesso no mundo inteiro

Quarto, *Primeiras Histórias*
O quinto foi *Tutameia*
Sexto, *Discurso de Posse*
Foi seguindo essa epopeia
O sétimo, *Essas Histórias*
Era farta a sua ideia

Oitavo, *Ave Palavra*
Desse mestre no sertão
Seus trabalhos adaptados
Balé e televisão
O teatro e o cinema
Literatura e canção

Os seus livros traduzidos
Em línguas do mundo inteiro
Com sucesso no Brasil
E até no estrangeiro
Ficcionista, diplomata
Grande médico brasileiro

Foi no dia dezessete
Julho que ele nasceu
Em mil novecentos e oito
Que este fato se deu
Na querida Cordisburgo
Parte da vida viveu

Mil novecentos e trinta
Medicina diplomado
Na Universidade de Minas
O doutor tava formado
Dois anos em Itaquara
No interior do estado

Foi um voluntário médico
Lutou contra o movimento
Constitucionalista
Cordel, esclarecimento
Foi no ano trinta e dois
Tá na história esse momento

E também em trinta e dois
Na força pública ele entrou
E como capitão médico
A área que ele atuou
Na carreira diplomática
Em trinta e quatro estreou

Serviu lá em Baden Baden
Em Hamburgo e em Paris
Premiado várias vezes
Um literato feliz
Em setenta e um ganhou
Prêmio Machado de Assis

No ano setenta e três
Eleito pra Academia
A brasileira de letras
Esse prêmio merecia
Além de grande escritor
Era bom na poesia

Tudo na vida tem fim
Em qualquer religião
Dezenove de novembro
Enlutou grande sertão
No ano setenta e sete
Foi pra outra dimensão

Foi no Rio de Janeiro
A partida do escritor
E nesse jogo da vida
O Brasil foi perdedor
Que da língua brasileira
Foi o maior defensor

O HOMEM QUE QUERIA
SER MAIOR DO QUE DEUS

Deus é pai de todo mundo
É ditado popular
Sem ele não somos nada
Só ele pode salvar
O homem que não tem deus
Precisa se encontrar

Deus está em todo canto
Pronto pra nos ajudar
É só não ficar parado
E a Deus ir procurar
Jogar o ódio pra fora
E viver no mundo a amar

Uns querem Deus em excesso
Vivem cobrando de Deus
Exigindo tanta coisa
Pió que os fariseus
São uns por cima do muro
E outros que são ateus

Tem quem fica na preguiça
Só pensando em orar
E esperando milagre
Dia e noite a rezar
Deixa Deus de saco cheio
De tanto lhe perturbar

Tem gente que faz de Deus
De empregado a patrão
Espera cair do céu
Roupa, água, vinho e pão
E se tem o olho grande
Quer ter carro e avião

Vou mudar de pau pra pedra
Mas seguindo o mesmo enredo
Sou poeta catrumano
Meu nome é Téo Azevedo
Eu vou contar uma história
Que arrepia e dá medo

Conheci um João das Couves
Filho do nosso sertão
Pessoa muito devota
Fanático em religião
Cada dia que passava
Aumentava a devoção

Era um autodidata
Espírita e macumbeiro
Evangélico e católico
Budista, pai de terreiro
Até crenças indianas
Magias do mundo inteiro

Ficou com a cabeça a mil
Do confronto religioso
Tanta coisa em sua mente
Num caminho tortuoso
Sua cuca se encontrava
Num penhasco perigoso

João chegou a um ponto
Que tinha todo poder
E que todos neste mundo
Tinham que te obedecer
Que até podia voar
E que nunca ia morrer

Deus não era mais seu ídolo
Nem o supremo da terra
Foi morar em uma loca
Lá no alto de uma serra
Matutou tanto poder
Que até ganhava na guerra

Que podia gerar filho
Sem contato sexual
Que a vida pelo esperma
Era uma coisa imoral
Amor de homem e mulher
Era lixo e anormal

Comia carne vermelha
Dizendo um ser de luz
Crua e ensanguentada
Que era o sangue de Jesus
E criou por conta própria
Um novo sinal da cruz

João não tomava água
Só bebia a própria urina
Não fumava e nem bebia
Acordava na matina
Orava o dia todo
Com chuva, sol ou neblina

Tinha muitos seguidores
Em toda sua região
O dinheiro sem valor
Remédio só oração
E cueca para homens
Era só samba-canção

Mulher não mostrava o corpo
Usava saia comprida
E nem usava pintura
Por ser coisa enxerida
E nem Deus ou o Diabo
Fazia parte da vida

Queria um mundo novo
Que não tivesse pecado
E que todo ser humano
Da terra fosse gerado
O dinheiro era plantado
Adubado e cultivado

Seu anjo era um gavião
Santo não tinha valor
E a nossa Bíblia sagrada
Para ele era um terror
Que tudo era mentira
Uma lenda de inventor

Que Jesus não existia
Coisa da imaginação
Que profetas e escrituras
Era tudo enganação
Que o homem vinha da terra
Sem ter reencarnação

Dizia qualquer vivente
Que morrer é pra queimar
Pra poluição da carne
A terra não estragar
E a podridão humana
Era lixo de arrasar

Uma noite teve um sonho
Que ele estava voando
Acordou de manhãzinha
E já foi se preparando
Subiu em cima de um morro
E o plano executando

Numa altura de cem metros
De onde ele foi pular
E gritou sou mais que Deus
Meus poderes vou mostrar
Chamou os seus seguidores
Para poder comprovar

Neste instante ele pulou
E esborrachou no chão
Morrendo e pedindo água
E a Deus pedia perdão
Teve o suspiro final
Com o pio do gavião

Esta história é um exemplo
Narrada nos versos meus
O caso do Zé das Couves
E os seguidores seus
Na trilha do fanatismo
Quis ser maior que Deus

O REI DO PEQUI

Já inventaram tanto rei
Que é rei pra todo lado
Foi um tal do rei café
E também o rei do gado
Tem rei pelo mundo inteiro
Governando até nação
Teve o rei do futebol
E até rei do baião

Para mim só há um rei
Que comanda os meus e os seus
Esse é rei de verdade
Seu nome sagrado é Deus
Já me chamaram de rei
Do calango e da viola
Quem falou essa bobagem
Falta um pedaço da bola

Certa vez em Montes Claros
Numa festa de ricaço
Me chamaram pra cantar
Tive que fazer regaço
Tinha rei de todo jeito
Até rei da mordomia
E eu um matuto bruto
Pra eles nada valia

(45)

Na hora me veio a ideia
No meu modo falarei
No meio da granfinagem
Eu também vou ser um rei
Perguntei pra todo mundo
Quem conhece o pequizeiro
É o esteio do cerrado
Um alimento milagreiro

No meio de caviar
O uísque e sobremesa
Eu defendo o pequi
Desafio a nobreza
Já me disseram na lata
Pequi é fruto de pobre
Só tiramos o carvão
Pra encher o bolso de cobre

Na hora subiu meu sangue
E perdi a estribeira
Pequi é coisa de Deus
Pobre faz de graça a feira
Vocês são os reis de tudo
Da mais alta realeza
Mas ninguém pode mandar
É na santa natureza

Já que todo mundo é rei
Tá sobrando até rainha
Eu vou dá minha esporada
Igual um galo na rinha
Valorizo minha terra
Com saga e alegria
Minha tribuna, a viola
Advogado, a poesia

Eu adoro o pequi
E a ele dou valor
Sou um homem do sertão
Um poeta cantador
Da nascente do Rio Verde
Onde canta o Juriti
Sou filho de Alto Belo
Eu sou o rei do pequi

TOINHA

O meu nome é Antônia
Mas me chamam de Toinha
Eu já tenho onze anos
E sou trem fora da linha
Eu ganhei esse apelido
Por eu ser pequenininha

Tenho outros apelidos
Que seu moço, eu me acanho
Tamborete de forró
Se respondo, eu apanho
E toco de amarrar jegue
Por eu ser desse tamanho

A minha família é pobre
E pesa nosso basquete
Eu até dobro no meio
Parecendo um canivete
Apesar de onze anos
Parece que tenho sete

Nasci num mundo de fome
Esta foi a minha vida
E cada dia que passa
Estou mais enfraquecida
No bucho de minha mãe
Já era subnutrida

Tenho mais de dez irmãos
Minha casa é uma ninhada
Se bebe água barrenta
É difícil a parada
Não sei ler e escrever
Sou muito complexada

Todo ano é a mesma coisa
Tem a seca no sertão
A fome aumenta mais
Morre toda plantação
E será que Deus existe?
Ou isso é coisa do cão?

A fome é uma derrota
E pra outros um louvor
Gente ganhando dinheiro
Se elege vereador
Deputado e presidente
Senador, governador

Quer saber o que é fome?
Quando falta o que comer
Dá uma tonteira danada
As pernas dão pra tremer
A gente dá convulsão
Parece que vai morrer

Não temos direito à nada
Se perde toda alegria
E os pais no desespero
É aquela latomia
O corpo perde o sentido
Viro foco de anemia

O pai de família aflito
É galo fora da rinha
O fogão vive apagado
Sem ter nada na cozinha
Às vezes uma rapadura
E um pouco de farinha

Me usam de todo jeito
No rádio e televisão
Nos jornais e nas revistas
Na maior divulgação
E depois que passa a seca
Ninguém fala nada não

O nosso calvário é grande
Não resolve só chover
Eu não quero ser mendiga
É preciso entender
Eu só quero é condições
Pra poder sobreviver

Meus brinquedos no sertão
Boi de bucha de esfregar
Carrim de cordão de frade
E barro pra amassar
Pandeiro feito de lata
Brincadeira de pegar

Nosso povo sem destino
Das caatingas aos carrascais
Sem esperança de vida
Isso machuca demais
Sertanejo quer apoio
Pra não pedir nunca mais

Eu quero direito à vida
No sertão ou na cidade
Pobreza não é defeito
Apenas necessidade
Todo mundo tem direito
Viver com dignidade

A gente não quer esmola
Nem viver que nem ralé
Pois justiça social
No Brasil tá um banzé
Porque um saco vazio
Não pode parar de pé

Falam tanto do milênio
Deixa a gente encabulada
Que tudo vai melhorar
E a hora é chegada
É palestra de doutor
E só conversa fiada

A fome dá muito ibope
É uma grande atração
O pobre só tem valor
Em tempo de eleição
E no dia de comício
Come igual a um leão

É só conversa fiada
E tem muito aparecido
Parte qualquer cabeça
Essa coisa de partido
Com promessa milagrosa
Tudo será resolvido

A fome dá muito voto
E elege muita gente
E acaba dando status
À gente incompetente
Quem sofre mais no Brasil
É o povo do oxente

Na algibeira do pobre
A gente não vê uma nica
De magro o vento me leva
Eu pareço uma ximbica
Rico de barriga cheia
E o pobre se estrumbica

O Brasil é muito bom
Falta administração
Fazer igual a Jesus
Que no repartir do pão
Só a corrente do povo
Pra salvar essa nação

Meu causo não é revolta
Tenho a cabeça normal
Não tenho inveja de rico
Todo mundo é igual
O que falta no Brasil
É justiça social

O meu nome é Toinha
Nem falei meu sobrenome
O meu verso é matuto
Pra mulher, menino e homem
Apesar de tudo isso
Sou uma guerreira da fome

A PELEJA DE JOÃO CURIÓ X TIOFO (O CANTADOR DE UM BRAÇO SÓ)

Minha gente brasileira
Ouça um caso importante
De uma grande maratona
Que foi muito interessante
De dois grandes cantadores
Cada qual foi um gigante

Este caso aconteceu
Dentro de Minas Gerais
Uma terra muito boa
Que não se esquece jamais
Correu por todo Brasil
Das caatingas às gerais

Nas bandas de minha terra
Conhecida Alto Belo
Tem a lua tão bonita
E um sol mais amarelo
Foi onde os dois poetas
Travaram um nobre duelo

(55)

Foi o duelo em quarenta
Os dois eram rapazinhos
Cantaram muito bonito
Nos seus versos de alinhos
Mostrando que os poetas
Eram chefes dos seus ninhos

O duelo começou
Curió deu a partida
Sapecou a sua viola
Meia regra tão querida
O estilo foi calango
Numa quadra evoluída

C
Izidoro meu colega
Minha viola é medonha
Você mora em Alto Belo
Mas é de Jequitinhonha

I
A minha terra estranha
E não é de fariseus
Vá cuidar de sua família
Que cuido só dos meus

C
Juro pelo amor de Deus
Nas raias da alegria
Pois você além de feio
Não entende poesia

I
Você canta igual gia
Ronca igual um marrueiro
Corre mais do que um viado
Quando acha um tabuleiro

C
Sou poeta e sou mineiro
Nasci no Norte de Minas
Você é um vagabundo
Que só vive nas esquinas

I
Eu vivo nas matutinas
Porque amo a natureza
E você não sai de casa
Só vive na safadeza

C
O meu canto é de pureza
Sai pra lá seu paruara
Eu te pego de chicote
Até quebro a sua cara

I
Seu mineiro pau de arara
O seu canto é um bagulho
Sua terra é tão ruim
É terra de sarrabulho

C
Eu não entro nesse embrulho
Seu matuto tabaréu
Sua casa é o inferno
Pois não pode ir pro céu

I
Como canta o xexéu
E gorgeia o sabiá
Tanto canto por aqui
Como canto praculá

C
Seu gato maracajá
Cabeça de jacutinga
Boca de bacupari
Que nunca fala e só xinga

I
Você foi em Uratinga
E passou por Canaci
Comeu tanta manga verde
Que ficou de piriri

C
Seu bico de juriti
Cabeça de jaburu
Se você quer confusão
Está feito o sururu

I
Seu boca de cururu
Beiço de tamanduá
Cabelo de carapinha
Bem do jeito sarará

C
Sai pra lá velho gagá
O meu verso é sereno
Você de tanta vergonha
Já tá ficando moreno

I
O meu verso é verbeno
E você uma mosca elétrica
Sua rima é tão ruim
Que você nunca tem métrica

C
Sua viola é patética
Violeiro das arábias
Suas conversas são demais
E são grandes suas lábias

I
E as musas que são sábias
E conhece um repentista
Pois não gosta dos seus versos
Não são versos de artista

C
O meu verso é na pista
Como Rui Barbosa em Haia
Segura firme seu velho
De viola nunca caia

I
Você quer correr da raia
O seu pasto é a grama
Sai pra lá seu porco sujo
Sua casa é na lama

C
Seu enredo é um drama
Te dou uma surra de malva
Você vai apanhar tanto
Que só Deus é quem te salva

I
Minha rima é muito alva
Eu te ranco um catrombo
Logo boto uma sela
E depois monto em seu lombo

C
Seu bestão eu te arrombo
No meu verso que engalana
Seu pinguço de primeira
Sai pra lá seu pé de cana

I
Cantador meia banana
Eu vou te deixar na tanga
Pois não fala nem uai
E de tristeza até zanza

C
Até parece uma manga
De idade secular
Pois na arte do repente
Hoje eu sou titular

I
Pois vou te tutelar
Sua cantiga é falsária
Você só serve pra isca
Num rio de Januária

C
Cantoria mercenária
É a sua, seu lunático
Te mando pra Barbacena
Que é casa de fanático

I
No meu verso matemático
Sua garganta é de boato
O seu canto é de goteira
Pra mim você é um pato

A sua reza seu beato
Tem um jeito explosível
Hoje você não me acha
No meu canto invisível

Nosso canto está empate
No ego da poesia
Nós dois somos amigos
Dentro da pura alegria
Está findando a peleja
Voltaremos outro dia

ZÉ DO COCO E RIACHÃO

Já falei de astrologia
Da ciência e do sertão
Cantilena e poesia
Natureza e barbatão
Mas hoje o meu cantar
É pra Zé Coco e Riachão

Mil novecentos e onze
Em primeiro de janeiro
No vale do riachão
Dentro do estado mineiro
No estado do São Francisco
Nascia esse violeiro

Já era boca da noite
No sertão da poesia
Depois desse nascimento
Aumentou a cantoria
Numa ocasião de reis
Na cantiga da folia

Quando foi de madrugada
Que a coruja tá no toco
Uma folia em lamento
Num canto saudoso e roco

Era ocasião de reis
Num tributo a Zé do Coco
Folia cantou na porta
Os seus pais mandaram entrar
Houve muita comilança
Cantiga de versejar
Muito lundu e guaiano
Até o dia clarear

Na hora da despedida
Que o verso é na bitola
A folia agradeceu
Sua mãe usou cachola
O agrado da folia
Foi Zé Coco de esmola

Pra rimar tanta grandeza
Os meus versos já são tantos
Falarei seu nome todo
Descrevendo os encantos
Primeiro José dos Reis
Com mais Barbosa dos Santos

Com um ano de idade
Veja o que aconteceu
Sua mãe sentiu-se mal
Este fato assucedeu
Zé Coco ficou com o pai
Pois a sua mãe morreu

Depois desse acontecido
No meu verso que alinha
A vida do violeiro
Tava mudando todinha
Até dez anos de idade
Ficou com a tia madrinha

Quando tinha nove anos
Que proeza de menino
Encontrou com a folia
Do Decurião Delfino
Ajudou essa folia
Que o toque saiu tinindo

E Zé Coco com dez anos
Voltou à casa do pai
O ponteio do seu velho
Escutando sempre vai
Um dia também tocou
Que seu pai falou: uai!

O velho tão assustado
Com o menino inteligente
Que ponteou a sua viola
Na tocada competente
O seu pai pegou a viola
E ao Zé deu de presente

Trabalhando com o pai
Começou fazer currau
Cancela, carro de boi,
Num feitio sem igual
A tocar, fazer viola,
Briquitando bem legal

Aos doze anos de idade
Zé Coco pediu ajuda
Foi morar com o Delfino
Na região de Barriguda
E morou com Henriquinho
E sua vida sempre muda

Foi com esses dois amigos
Que faço um esclarecimento
O seu Zé aprendeu muito
Aumentou o conhecimento
Na arte da tocaria
E fabricando instrumento

Com vinte anos de idade
No casamento se fez
Já fazia instrumento
E com grande rapidez
Sua primeira encomenda
Doze violas de vez

Quando eu conheci Zé Coco
A lembrança me comove
Fui consertar duas violas
Se sanfona me envolve
Na cidade Montes Claros
No ano setente e nove

Quando eu avistei Zé Coco
Na sala da sua casa
Parecia um passarinho
Que tinha quebrado a asa
Dizendo: não toco mais
A lembrança me arrasa

Pedi a Zé Coco um toque
Me mostrar a sua arte
Zé Coco tocou rabeca
Que eu falei: esse é de Marte
Quando pegou na viola
Vi que era um baluarte

Não contive a alegria
Eu chorava de barril
Quando vi tanta grandeza
Debaixo do céu de anil
Ao encontrar um tesouro
Da cultura do Brasil

Pra divulgar o Zé Coco
Eu briquitei um caminho
A batalha muito dura
Toda cheia de espinho
Mas um grande ser humano
Nos colheu nesse caminho

Falo de "Carlos Felipe"
Esse grande jornalista
Também é um sereseiro
Professor e folclorista
Patrimônio da cultura
E um grande humanista

Vergínia da WEA
Deu chance para um disco
Traga seu Zé a São Paulo
Esse violeiro arrisco
Vou divulgar o trabalho
Do estado de São Francisco

Falo do segundo disco
E não deixo pra depois
Da sanfona à rabeca
Viola um baião de dois

Foi o melhor instrumentista
No ano de oitenta e dois
Verdadeiro sertanejo
Não vive da gravação
Os discos que vendem mais
Não é música desse chão
É o som da influência
Que envergonha a nação

Vou mudar o meu assunto
Chega de prosopopeia
São Paulo tem um lugar
Que clareou minha ideia
Um celeiro da cultura
É a fábrica da Pompeia

O sesc plantou semente
Que a cultura se irradia
O folclore tem sua vez
Com amor e alegria
Nós viemos ao projeto
Que é "Luz do meio—dia"

A equipe é de primeira
Para mim não tem mistério
Bastos, Adenor e o Dito
Junto ao Fábio e Rogério
Com o Max na chefia
O trabalho é muito sério

Luise na xilogravura
E Victor na criação
Tem o Décio na montagem
Osvaldo na impressão
Essa turma é de primeira
Qualidade e perfeição

Um show de simplicidade
Das quebradas do sertão
Do aboio, do calango,
Lundu, toada e canção
Ao vivo Téo Azevedo
E Zé Coco do Riachão

Edição	Iuri Pereira e Jorge Sallum
Capa e projeto gráfico	Júlio Dui e Renan Costa Lima
Programação em LaTeX	Marcelo Freitas
Revisão	Iuri Pereira
Assistente editorial	Bruno Oliveira
Colofão	Adverte-se aos curiosos que se imprimiu esta obra em nossas oficinas em 14 de maio de 2010, em papel off-set 90 gramas, composta em tipologia Walbaum Monotype de corpo oito a treze e Courier de corpo sete, em plataforma Linux (Gentoo, Ubuntu), com os softwares livres LaTeX, DeTeX, VIM, Evince, Pdftk, Aspell, SVN e TRAC.